De Poetas y Locos

Escritos de la mente de ambos

Producto de la

Ingenuidad De

Edwin Orlando Vale Rodriguez,

Poeta Puertorriqueno

Dedicatoria:

La realidad hay demasiadas personas a quien agradecer. Espero poder publicar otros trabajos y asi compensar las dedicatorias que aquí no llegaron. Primeramente (y lógicamente) agradezco a mis padres, quienes inculcaron en mí el amor por la literatura desde temprano. A mis abuelos por construir el amor por la patria, el trabajo y los valores; tres cosas que deben estar presente en todo Boricua. Mis aprecios a varios maestros y profesores que pusieron su granito de arena en mí; viendo un potencial que pocos percibían. En especial agradezco al Sr. Hidalgo y a la Sra. Villafañe, personas a las cuales nunca podré olvidar. Gracias por creer en mí. Agradezco a toda mi familia, cercana y lejana. Ustedes ayudaron a construir quien soy hoy en día. En especial quiero agradecerle a toda persona que, sin saberlo, inspiro de una forma u otra estos escritos. La mayoría nunca se enterarán de que inspiraron o de que chispa proveyeron para encender la llama de mi mente.

Gracias.

Prefacio

Luego de tantos años pasando por alto prologos y prefacios de casi todo libro que cayo en mis manos, me encuentro escribiendo uno de estos 'capitulos ignorados'. Es triste, el que muchos lectores ignoremos algo que en ciertas ocaciones podría la parte mas escencial de un libro. Muchos han sidos los escritores que ocultan la realidad de sus cuentos y presentan en el prologo perspectivas distintas a las percibidas en la totalidad de un libro. Cierto es que son mas los escritores que escriben puras babosadas; pero eso no se deshace del potencial del prologo. Pero este prefacio no se trata de la importancia del prologo. En este prologo deseo simplemente pedir el perdón del lector.

Como hombre nunca tendre la experiencia de dar a luz, de treaer una vida al mundo. Pero lo que mi vientre nunca llevara a cabo, mi mente lo ha provisto. Por ende, me gusta decir que mis poemas son el hijo que viene al mundo luego de la inseminación de la inspiración. De la inspiración se desarolla a la idea en etapa fetal y finalmente doy a luz atreves de la pluma y en el papel.

Asi, les dejo ver que cada poema que he producido es para mi un hijo. Y como todo padre, amo a todos mis hijos equitativamente, aunque los ame de forma diferente. Cada poema tiene una personalidad distinta, una diferente forma de ver el mundo y de interactuar con él. Claro, no todos mis hijos son hermosos o inteligentes. No todos se pueden destacar.

Por eso, pido perdón por los rotos y malformado. Pido perdón por los delictivos y problemáticos; por los ofensivos y enfermizos. No me arrepiento de ninguno, pero deseo haberlos inculcado mejor. Como todo poeta sabe y poco lector conoce, los poemas tienne vida propia. Uno como escritor puede hacer solo tanto para alterar sus rumbos, pero al final son ellos quienes escogen el camino.No deseo que les cojan pena, ni que los juzgen diferentemente. Pero como mis lectores, tienen el derecho a saber que amo todos mis poemas, a pesar de que no todos me traen orgullo. Soy padres de muchos, primerizo cada vez. Di lo mejor de mi, fustrandome cuando falle y orgulloso en mis victorias.

Les invito a juzgar mis poemas libremente. Leanlos, juzgenlos y sobre todo, analizenlos. Por que la realidad es que uno no puede opinar sobre tema alguno sin una investigación profunda para lograr comprender que se juzga. Algunos de mis poemas son transparentes. Significan exactamente lo que dicen. Otros son mas timidos, y se ocultan tras metáforas, similes y simbolizmos. La mayoría, sin embargo, son traviesos y crean capas de significados; lo cual es evidente en el hecho de que sus significados son multiples, contradictorios o extremadamente simbólicos. Estos, en mi opinión, son los que tiendo a apreciar menos, pero los que a muchos forman sus favoritos.

Diviertanse, mediten en mis hijos, y permitan que ellos les revelen una perspectiva de vida mas amplia.

Jardín de mi Corazón

Me falta un clavel,

Me falta una rosa

Me faltan ambas flores

Para que coma mi mariposa

Sin ella mi jardín

No sobrevira

Sin la mariposa mia

Mi alma morirá

Pero más aun

Capricho mío es

Tenerla atrapada

Y liberarla cada mes

Me calienta en el frio,

Me calma en la tormenta

Me aclara toda duda

Ella me complementa

Pero mariposilla,

Te tiendes a perder

Y para no olvidarte,

Te capture ayer.

Te cuido con cariño

Muy dentro de mi ser

Para que nadie mas

Te pueda a ti ver.

Pues te codiciaran,

Y temo enfrentamiento;

Por eso te protego

Con ki conocimiento.

Ya encontré el clavel,

Apareció la rosa.

Ya tengo ambas flores

Pero has muerto, mariposa.

Oda a una diosa extranjera

Piel de noche,

Dulces labios

Y tu cuello clandestino.

Tú me guías al destino.

En tus dedos yo defino

El mover del tiempo.

En tus ojos yo me encuentro

Nadando infinitamente.

Cuando no estés pendiente

Me robare tu imagen;

Antes de que ellas contagien

Mi alma con pensamientos.

Confieso estar yo contento

Con mirarte desde lejos.

Quiero borrar tus complejos

Y dejar tu alma libre.

Como el bolígrafo que escribe,

Quiero ser tu instrumento.

Cada vez que yo intento

Mis palabras liberar,

Tú me robas el aliento.

Es tu cara el sustento

Que mis ojos necesitan.

Tu dulce ser me resucita,

Tu existencia me anima.

Eres tú inspiración,

De millón y un poemas.

Mi corazón de gozo llenas

Y nutres mis sentimientos.

Pero es triste la distancia,

Que tan lejos nos detiene.

No son mares,

No son montes.

No habitas el horizonte.

Pero la distancia del amor,

En este caso interviene.

Tan cerca de mi tu vives,

Tan profundo te conozco.

Pero esto no es posible,

Y eso lo reconozco.

No me amas,

Yo te amo;

Esto es una tragedia.

Por eso escribo en secreto

Esta oda a la Diosa extranjera

Alejate

Me canse de que me tientes

Con tu místico aurora

Pues, te digo desde ahora

Que no ocupas ya mi mente

No me importa tu encanto,

Menos aún tu triste llanto

Porque me trae espanto

Cuando exiges la flora

Que a ti te gusta tanto

Y es la flora del corazón,

Pero sé que tú a mi mientes

Cuando dices devolverla

No echare hacia atrás

Como muchas de las gentes

Siempre estaré yo pendiente

En caso de algún engaño

Pues quieres hacerme daño,

Tú me quieres ver morir

No me vuelvas a pedir

Nada mas

O sino prometo que veras

Mi lado escuro y escondido

El cual había reprendido

Así que no me tientes,

Aléjate de mí,

Pues eres vil serpiente

¿Acaso no puedes observar?

No caeré dos veces

Aléjate de mí,

No me vuelvas a tentar.

Soy lo que escondes

Soy la serpiente

Que te asecha.

Soy lo que hay

En la brecha

De vida y muerte.

Soy la dulce tentación

Que te hipnotiza

Con su canción.

Soy el ardor

Que tu disfrutas

Al causar dolor.

Se lo que necesitas,

Esa hambre alimentare.

No te recordare

De la débil criatura que eres,

Si no te hare grande.

No importa donde ande,

Siempre causare problemas.

Soy el caos en tus venas,

La verdad que ocultas al dormir.

Muy adentro,

Me conoces.

Soy lo que no reconoces

Cuando indagas tu ser.

Soy el querer

Y el poder.

Soy lo que respiras

Y lo que inspira

Tu cada acción.

Soy las voces

Que te atormentan de noche.

Sé que me conoces,

Sé que me envidias.

Sé que a ti te fastidia

No ser como yo.

Sé que también anhelas

Ser un dios.

Soy tu,

Y eres yo.

Soy el silencio que nunca se oyó,

Soy el reflejo que desapareció.

Soy lo que escondes,

Soy lo que quieres revelar.

Soy tu,

Y eres Yo.

Soy solo uno,

Pero somos los dos.

Vagabundo

Soy un vagabundo,

Morando por el mundo

Observando la naturaleza

Del alma de Dios

Soy un vagabundo,

Observando

Los males que atormentan

A todo ser humano.

Soy un vagabundo,

Buscando una cura

Para lo que nos atrofia

Y nos causa amargura

Soy un vagabundo

Viajando por el mundo

Recetando buenas vibras

Para el cuerpo sanar

Soy un vagabundo

Navegando este mundo

Para terminar al fin

Cada gota de maldad.

Soy un vagabundo

Que no para ni un segundo

De buscar el que será

De que nos hace así.

Soy el vagabundo

Sermoneando al mundo

De que el fin está cerca,

Pues está dentro de ti.

Soy el vagabundo

Que mendiga el orgullo

Soy una imagen

De lo que tu temes ser.

Soy como un hermano

Que se ha vuelto anciano

Y te pido tu ayuda

¿acaso la rechazaras?

¿Es Amor lo que Siento?

Te veo pasar

Y mi corazón se detiene

¿Qué es lo que tienes?

Me derrites tu

Por dentro

Al sonreír

Y soy feliz

Al contemplar

Que estas cerca

De mi corazón

¿Cuál es la razón?

De que apenas conociéndote

Robas mi respiración

Y si supieras cuanto te amo

Sin conocerte

Con solo verte

Se detiene el tiempo

A mi alrededor

Y tu mirada

Entra a mi alma

Y roba toda calma

Habida en mi ser

¿Cómo puede ser?

Envidio

A tu sabana

Pues quisiera yo arroparte

Y de noche calentarte

Y ser feliz

Junto a ti

Y envidio

A tu perfume

Por caer

Sobre tu piel

Quisiera yo estar regado

En tu costado

Y desearía

Ser tus dientes

Y en tu boca siempre estar

Tras esos labios

No hay nada creado

O por crear

Que te pueda igualar

Pero no sé si es amor

Lo que yo siento

Y es que adent0ro

En el peñasco de mi alma

Soy de otra

Mas hermosa

He traicionado,

Te he deseado

Tanto tiempo
Que lo olvido

¡Pero he revivido!

¡Estoy herido!
Y me pregunto:

¿Sera amor
Lo que yo siento
Hoy tan adentro
En mi interior?

¡Tanto dolor!

Mi indecisión será raíz
De mi hundimiento

¿Será amor
Lo que yo siento
Tan adentro?

Veo lo que escucho

Siento el beso de la lluvia,

El abrazo del viento,

El susurro de la tierra,

Los lamentos del fuego.

Veo las montañas verdes,

Los mares azulados,

Los llanos rubios,

los negros acantilados.

Oigo al halcón en lo alto,

El rugir del cielo,

El silbido del viento.

Veo la muerte en mi puerta,

Al amor en mi ventana.

Las caricias del pasado,

Las lagrimas de mañana.

Veo como viajo

En el mismo lado.

Veo como vuelo

Sin llegar al cielo.

Veo como cambian

De nuevo las estaciones.

Veo como canto

Todas las canciones.

Veo como llueve,

Y como nieva.

Veo como pasa el tiempo.

Veo como pasa mi cuerpo.

Veo como pasa el fuego,

Entre mis ojos.

Veo la vida

Llegando a mi

Y en un segundo,

La muerte vi.

Así mismo fue.

Todo lo vi.

Luego en un instante

Desaparecí.

Rompe los Muros

Quisiese yo saber

Que es lo que escondes

Quisiese entender

Por qué no me respondes

Quisiese conocer

Demonios y temores

Quisiese hoy yo ver

Cuáles son tus dolores

A mi tu no me engañas

Con sonrisas de superficie

Quisiera yo saber

Que fue lo que te hice

Quisiera desnudar

El todo de tu cuerpo

Quisiera yo dejar

Tu alma al descubierto

Quisiera protegerte

De ataque invasor

Quisiera alumbrarte

Como lo hace el sol.

Quisiera ser tu escudo

Tu caballero fiel

Quisiera más que nada

Tu llama encender

Quisiera tantas cosas

Yo hacer para ti

Pero tú no me dejas

No vas a permitir

Que cumpla mi deseo

De hacerte yo feliz

Quisiera que te amaras

O me dejaras a mi

Mi Isla de Gigantes

Aunque no te merezco

Llegas tu siempre a mi

Llegas tu hasta aquí

Com promesas y regalos

Con sueños y perdón

Sanas mi corazón

Y eliminas toda llaga

Me salvas de la plaga

Y alejas el dolor

No hay nadie mejor

Que tu mi dulce patria

Que tu mi dulce madre

Que tu mi dulce amante

Sere yo fiel a ti

En agradecimiente

Me regalaste el viento

El sol y manantial

Siempre te voy a amar

Mi vieja y dulce patria

Me diste sol de dia

Y la Luna de noche

Me diste caña en el valle

Y lluvia en el monte

Perdona que no calle

Pero te amo demasiado

Mi amor por la patria

No sea extraviado.

Mi diste tu amor,

Y todo tu calor

Me diste compasión

Me hiciste una canción

Todo entendimiento

Por ti siempre llega a tiempo

Siento yo remordimiento,

Por haberte abandonado

Ahora soy tu abanderado

Ahora soy hijo orgulloso

Y aunque no sea yo precioso

Mi gran patria si lo es

Tú me viras alreves

Y me haces nuevo adentro

Y yo siempre te encuentro

Profundo en mi pensamiento

Es verdad

¡Yo no miento!

¡Te juro que es verdad!

¡No te vuelvo a abandonar!

Aunque se que podrias perdonar

Esa traición y mil mas

Yo no vuelvo hacia atraz

Ni de ti yo me alejo

Pues tu dulce cielo

Me llama para vivir

Y entonces poder decir

Que al fin soy feliz

Pues ahora estoy en ti,

En mi patria tan querida

Esta será mi guarida

Contra el mundo humano

Porque soy como el Quijano

Delucionado y loco

Tomando agua de coco

Tomando agua de patria

Defendo a mi princesa

Eres tu la fortaleza

Que sostiene mi ilusión

Por eso canto canción

Yo feliz aquí en mi patria.

Evítame corazón.

La lujuria me invitó

Por una taza de te

Yo respondí que no,

Que perdería mi fe.

La muerte toco mi puerta

Y se la abrí,

Le caí a golpes;

Luego de mi casa la expulse

Mientras la maldecí.

La envidia el mi baño,

El coraje en mi cama,

El odio en mi nevera

Y el pecado que me llama.

Soy inmune a la muerte,

Alérgico a la enemistad

La envidia quemo

Y el pecado me huye

El odio me teme

El homicidio me trata de fastidiar

Aborrezco a la violencia

La sicosis es para otro.

Soy libre,

Libre de todo.

Evítame corazón;

Pues los hombres libres

Te cazan e ignoran.

Hombre libre soy,

Y siempre seré.

Mar eterno, sin final

Marejada

Mal llevada

Que deshace de mi ser

Fuera esta de mi poder

Perdonarte

Y conceder

Tu mas minimo deseo

No preguntes que ahora veo

Mas pregunta quien yo soy

No imorta a donde voy

No será mas a tus brazos

Pues conozco el atrazo

De esperar mas aun

Y asi como el atun

Nado libre y felizmente

Aunque me tengas demente,

No olvido aun quien soy

Libre quedo de mareas

Trastocadas y trastornadas

Libre de aguas enfadadas

Que me intenten ahogar

Pues no logro averiguar

Que querías tu de mi

No me quieres ver feliz,

Triste agua de mi ser

No te dare el placer

De navegar cercanamente

Pues te burlas de mi mente

Cuando menos estoy pendiente

Nado aun en agua caliente

Escapando bajo el sol

No soporto mas calor

Moriré naufrago de mi mismo

La ola producto del sismo

Que mi cuerpo revolvió

Mientras el oleaje empeoro

Hasta devorarme al fin

Y como dulce delfin

Trato de salvor su vida

Pero me encuentro sin salida

En mi propio corazón

Naufrago la embarcación

Perdiéndose en tus olas

Y encontrándose sola

Tu hija escapo

Y mi mente decidio

Ahogar mi corazón

Ahogad

Ahogad hasta el final

Mi Palomita Blanca

Una Paloma blanca descanza en mis manos

Una paloma blanca me tendrá que abandonar

Una paloma blanca, una paloma bella

Una paloma blanca me dejara de amar

A esta paloma blanca

No la quiero dejar ir

No quiero que me abandone

De mis brazos no ha de partir

Esta palomita

Como la amo, como la quiero

Yo la saco de su agujero

Pues es ingrata

Y desleal

No me va a abandonar

Ahora su sangre me empapa

Y se la comen las ratas

Querido poeta

Un poeta me pidió

Un consejo sobre el amor;

Yo le dije

Y le respondí,

Debes amar

Pero no aquí.

Esta vida es dolorosa,

Solo te hace llorar.

El amor no debes sacrificar,

Pero aquí no debes amar,

No en esta vida.

Espera por el paraíso,

Por shangri-la;

El gran vacío,

El más allá.

Pues no vale la pena

Sacrificar tu corazón

Por una mujer sin razón,

Impura,

De carne y hueso.

Espera que sea

Solo espíritu y sentimientos

Y podrás ser feliz

Con su alma de fuego.

Claro, se requiere paciencia.

¿Pero acaso no es el agua más refrescante

Después de salir del desierto?

Igual más bello es el amor

Luego de esperar la eternidad.

Querido poeta te doy

Mi más profundo consejo.

Pensando te dejo

Pensando en el amor.

Oda a los Astros

Si la luna te pregunta,

Si la quieres, si la amas;

Contestale al sol,

Dile que la reclamas.

Si las estrellas te rechazan

Ve corriendo a tu casa

Y trata de no llorar,

Pues al sacrificar

Lo que te pertenece

Ellas no notaran

Cuan rápido pereces.

Si el cielo te abandona

Cierte es que alma llora

Pero nunca te lamentes

Puede que pierdas la mente

Por asi seguir llorando

Y seguirte lamentando

Ya que te han abondonado.

Si vuelven arrepentidos

Los astros hacia ti,

Aceptalos feliz,

No guardes rencor alguno

Demuéstrales tu amor,

Pues si sufriste tanto

No los vayas a rechazar

No sea que te vayan a abandonar

Y solo te vayas a quedar

Por la eternidad.

No sea que el sol

Reprima su calor

Y todas sus estrellas

Pierdan el resplandor

O que tu corazón

Deje de sentir

E incluso pierda su función

Te cause esto el morir.

Mia

Tus detalles me encantan

Tu caminar me debilita

Y nada peor me delata

Que tu bella sonrisita

Desearía tenerte

Toda para mi

Aun así, me pregunto:

¿Serias tu feliz,

Feliz siendo mía,

Tu todita para mí?

¿Sería acaso hipocresía

Si confesaras tu amor?

¿Me amarías de verdad?

¿Me tendrías tu rencor?

Aunque suena egoísta

No te quiero compartir

No sea que te roben,

Que te alejes tú de mi

Ahora me pregunto

Si serias tu feliz

Feliz siendo mía

Tu todita para mi

¿Qué tendría yo que hacer?

¿A quién tendría que matar?

¿Qué te tendría de traer?

Para que seas tú para mi

Tus labios

Tus ojos

Tu mente

Tu alma

Tu todo

Tu

mía

serás...

Elaboración de la conclusión de una nueva tentación.

Soñar

Para nunca despertar

sin poder elaborar

alguna otra conclusión.

Perder la razón

Para no enfrentar la realidad.

Deshagámonos de la verdad

Que tanto me incomoda.

Ha llegado la hora

Para el mundo cambiar.

La luz se debe apagar

Para yo poder brillar

Al límite de resplandor.

Asesina al orador,

Asegura que perezca.

Aunque muerto el parezca,

Certero debes estar.

No me vuelvas a olvidar,

No sea que sea yo quien muera.

Escoge a cualquiera,

Todos parecen deleitosos.

Trae la presa

A la mesa

Y llévame afuera.

No importase cual fuera

La meta de mi conversación

Veo con mi dulce intuición

El final de cada letra.

De la lengua atleta,

De la mente cuchillo.

Ve,

Termina,

No sea que mi alma se deprima.

Sacúdete

Y olvida lo que has visto.

Olvida quien eres,

Olvida que quieres.

Se mio,

Déjame entrar.

Deja de luchar.

Dejame entrar

A esa dulce mente

Aunque de repente

Conecte tuya a mia

Y cambie cableria.

Unete,

Se parte de algo.

Ven,

Ven y ve

Lo que tengo guardado.

Atrapa ya el resfriado,

Y completa mi oración.

Canta mi dulce canción,

Como loro entrenado.

No resistas la tentación,

Pertenece a mi lado

Y sígueme.

Suerte te Deseo

Eres una ingrata,

Deseo no verte nunca mas.

Mentirosa

Eres una rata

Eres tu leprosa,

Aislada de la gente

Lejos de mi

Eres tu demente

Inconsciente del daño

Que me has hecho

De la cicatriz

Que dejaste, descarada,

En mí pecho

Y en lecho

De la muerte

abandonaste

A mi amor

Me canse
De tus mentiras,
Tus maltratos,
Los malratos
Que me hacias pasar

No te vuelvo a amar
Encuentra otra
Que sea feliz
Con tu veneno

Y como el heno
Terminaras marchita y seca
En tu soledad

No pidas piedad
Pues no la diste
Cuando yo la
Necesitaba
Yo te admiraba

Eras bella y

Resplandeciente

Pero me enterraste el diente

De la discordia

Y mi memoria

Nunca olvidara

Quien eres

¿Cómo te atreves?

A reclamar mi abandono

Yo me enfogono

Cada vez que recuerdo

Tus palabras

No es lo mismo

El abismo

De tus ojos

Al de tu alma

Ya no hay calma

Que aniquile,

Que derrumbe

A mi furia

Y asi

Te deseo suerte

Y aun mas la muerte

Pero no olvides

Que recuerdo

Sin ti, nada soy

Temo que me cambies

Por otra

Más brillante,

Mas preciosa

Te extraño

Amada mía

Extraño tu cuerpo,

Tu presencia

Tu calor

Quisiera se mejor

Quisiera complacerte

No sabes cuánto te amo,

Nunca dejare de quererte

Extraño

El dulce de tus labios

Tu pelo

Largo y castaño

Mi feminidad

Me hace llorar

Y mi debilidad

Es por desesperación

¿Acaso no fui

Cariñosa

Juguetona?

¿Acaso fallaron

Mis besos,

Mis labios?

¿Que hice?

Te necesito

Pues

Sin ti no soy

No existo

Recuerdas

Cuando llegaste a mi vida,

Como me cambiaste,

Como mi mente aclaraste

¿acaso no me amaste?

Me descubrí gracias a ti

Mi libertad me hizo feliz

¿Acaso no recuerdas?

¿Acaso no me amas?

¿Acaso no sabes,

Que te necesito

Para ser?

La Vida y La Rosa

Que ironica la rosa
Con sus espinas armada
La rosa se defiende de fierras,
De fierras feroces de la tierra
Pero frágil en brisa de primavera

Nada mejor expresa
La humana naturaleza
Por dentro tormenta
Por fuera nirvana

Y todos mienten
Creyendo lo que nunca fue
Y aunque se note después
Seguirán en la mentira.

Y odian la vida
Pero no dejan ver
Su verdadero ser
Su yo escondido.

Parecen feroces
Pero rotos están
Si fueran capitán,
Hundida la barcaza

Y grande es la casa,
Pero no hay fundamento
Y si tu estas atento
La verdad tu veras

Que en la debilidad
Todas grandes mansiones
Al fondo llegaran

Solas destruirán
Lo que antes escondían
Pasara algún dia
Que haya un temblor

Muy grande es el temor

De sentir el rechazo

Se canzara el brazo

Y dejara caer

Y todos podrán ver

Cuan débil es la rosa.

Algun dia callare

Algún día llegare
A contar lo que he vivido.

Algún día contare
Todo lo que ha sucedido.

Y escucharan,

Y aprenderán

La verdad

De lo que sucedió.

Algún día recordare.

Algún día te contare.

Algún día sucederá.

Algún día me escucharas.

Y hasta entonces esperare,

Hasta entonces recordare.

Pero pronto denunciare

La verdad de lo que fue.

Y hasta entonces pasaran

Largos días de silencio.

Y hasta entonces estaré

Recordando

Para nunca decir nada.

La Carta

O, como yo le extrano

Fiel princesa mia

Y la cruel lejanía

Ahora nos separa

Demonia la que paga

Por matar nuestro amor

Vivo yo con temor

De que ames tu a otro

¿Qué cambio en nosotros?

¿Por qué te alejaste?

Te sigo extrañando

Y duermo ya llorando

Por este desamor

Era antes mejor

Cuando yo te tenia

Mi alma esta vacia

Te necesito a ti

Solo quiero decir

Que mi amor no ha muerto

Y esperanza yo no suelto

De tenerte entre mis brazos

Mi amor es aun tuyo,

Siempre tuyo sere

Nunca te olvidare

A pesar de la lejanía

Si de nuevo te veria

Seria yo feliz

No se si tu amor vive,

O te acuerdas de mi

No se si la distancia

Tu amor hizo morir

No se si a la distancia

Tu me sigues amando

Pero me encuentro abandonando

Esperanza de tu amor.

Te necesito

Quiero ver tu manos

Entrelazadas con las mias

Quiero escuchar tu voz

En mi oído todos los días

Quiero sentir el frio de tu cuerpo

Contra el calor del mio

Quiero las discusiones,

Los disgustos,

Los problemas

Quiero escuchar tus gritos

Quiero secar tus lagrimas

Quiero que el destino nos acerque

Mas de lo que hoy estamos

Quiero enredarme en problemas

Que ambos formamos

Quiero pedirte perdón

Por errores que no he cometido

Quiero disculparme

Por lo insensible que he sido

Quiero tenerte en mis brazos

Y calmar tus temores

Quiero tocar la parte

Mas profunda de tu alma

Quiero quitar tus penas

Quiero causarte calma

Te amo

Como eres

Y quiero pasar

Mi vida contigo

Adolorido

¡Y llore!

¡Y clame!

Y a cuatro vientos grite:

"Se fue!

¡Se fue!

Mi amada se fue"

¡Y dolí!

¡Y sentí

Que por dentro morí!

"Mi amada!

¡Mi amada!

¡Mi amada ha muerto!"

Y grite

Y maldije

A esos cuatro vientos

"Ella era mi mundo,

¡Mi único sustento!"

¡Y olvide!

¡Y recordé

Nuestro primer encuentro!

"En mis manos,

Mi amada,

¡A mí me hizo contento!

Tan pequeña

Y hermosa,

Me robo el aliento"

¡Y llore!

¡Y olvide!

¡Y grite!

¡Y recordé!

¡Ha muerto!

¡Ha muerto!

¡Ha muerto mi hija!

¡Y yo nunca tuve tiempo

De dar mi despedida!

Soy

Soy la sombra de un hombre que no existe

Soy la melodía de una canción inaudible

Soy una pintura de colores invisibles

Soy y no soy

Vengo pero no estoy

Soy un vacio que persiste

En toda dirección voy

Cuando me quedo quieto

De mi hijo yo soy nieto

De mi abuelo soy padre

Y yo soy mi propia madre

En mi propio pensamiento

Estuve en mi vientre

Despues de haberme parido

Soy yo mi propio marido

Soy la desnudez que te viste

La honestidad censorada

Soy el fraude que es real

Soy instincto al pensar

Soy el blanco que es negro

Soy el hoy y el ayer

Soy el calor del artico

El frio de mediodía

Soy la sabiduría

De la ignorancia

Soy

Pero no soy

Poema

No se cuál es el punto de escribir

Si nadie leerá esto.

No sé si es egoísmo

O privacidad.

Si es para estar orgulloso,

O para humillarme.

Solo sé que no vale de nada

Meditar en este hecho.

¿Tiene que acaso rimar,

Para ser poema?

Ni siquiera se

De que escribir.

No sé si escribir del amor

O del odio.

Si de mi juventud

O de la vejez de otros.

Escribiré acaso algo cómico,

O trágico

O profundo

O simple.

No importa,

Ya escribí;

Problema resuelto.

La bella de la bestia

Moretones en su cara

Y rasgunos en su piel

Ignoradas las señales

Que claras se pueden leer

Partido aun su labio

Ojos rojos, por llorar.

Ojos bajos y nerviosos

No queriendo mas fallar.

Enganosa la sonrisa

Con la cual quiere ocultar

El miedo en sus ojos

E inquietud espiritual.

Y se culpa ella misma

De lo que acaba de pasar

Y el miedo a estar sola

La obliga a callar.

No tiene a nadie

Ni a nada

Mas que a su gran galan.

Nadie es perfecto,

Y en efecto

El pronto va a cambiar.

Lo cogio en un mal dia,

Culpa de ella debío ser

Pero el era un buen hombre,

A almenos eso fue.

Y nerviosa,

Temerosa

De solita terminar,

Ella soportaba golpes

De el bruto animal.

Fue mi triste

Y repentino

El vacio funeral

De una mujer fuerte

Que no se atrevio a hablar.

Fue ayer

Fue ayer,

Que me sentaba

Al sol.

Fue ayer,

Debajo del calor.

Fue ayer,

Cuando viví el placer

De ver

Lo que cambio.

Fue ayer,

Que recorrí

Por el camino.

Fue ayer,

Que llegue a su final.

Fue ayer,

Solo ayer,

Que aprendí a perdonar.

Fue ayer,

Que morí.

Fue ayer

Que reviví.

Fue ayer

Que descubrí el poder

De un alma solitaria.

No fue,

Que mentí,

Que hui.

No fue,

Que me olvide

Al fin.

Yo sé,

Que fue ayer

Que aprendí a perdonar.

¿Qué fue?

Lo que irrumpió mi ser.

No se

Si acaso volveré

A ver

La cara de la soledad

Frente a mí.

Fue ayer,

Si, ayer,

Que descubrí

Quien se escondía tras de mí.

Pero,

Confiando

En mis fuerzas

Falle

Por última vez...

Ahora se

Un pajaro me conto,

Un pajaro confeso,

Un pajarito alfin murió

Una niña disfrazo

Todo lo que una niña sintió

Porque una niña mintió,

Una niña murió

Un hombre persiguió,

Un hombre todo vio,

Un hombre me conto

Una bestia a mi llego,

Una bestia se redimió,

Una bestia se fue y volvió

¿Por qué?

Dime, ¿Por qué?

¿Acaso suficiente no fue

Cuando te lo conté?

Dime, ¿con quién?

¡Porque todos lo ven!

Y no creo que está bien

¿Cuándo comenzó?

¿Acaso el causante fui yo?

¿Acaso él te convenció?

Dime quien;

¿Quién pregunta?

¿Quién responde?

¡Confieso!

¡Parece que perdí el seso!

¡Admite que yo hice todo eso!

¡No sé porque lo hice!

Me contaste lo que quise

Y por eso te agradezco.

¡No recuerdo con quien!

No importa que diga ni uno, ni cien

Menos si crees que está bien

¿Cuándo comenzó?

¡Eso, amor, no lo sé yo!

No fuiste tú quien provoco

No hubo quien me convenció

No sé quién pregunta,

No sé quién contesta

No sé qué paso

Si la niña ya murió,

Pena da del corazón

Pero confío que, si murió,

Tuviste buena razón.

Si el pajaro conto,

¿Porque pides tu respuestas?

Acaso soy yo apuesta,

O doy yo de burlar.

No me puedo controlar,

Pero ya no me importa;

Pues ya no pienso yo en ti.

Mío patris

Patria mia perdóname

Pues no sé de dónde vengo.

Perdóname patria mia,

Pues te he olvidado.

¿Acaso eras aquel paraíso infernal

De inviernos calientes

Y veranos helados,

De elefantes submarinos

Y cocodrilos alados?

Tierra de edificios gelatinosos,

Árboles que cantan

Ballenas atómicas

Sin hormigas altas.

Patria de dioses muertos

Y criaturas míticas.

Tus diccionarios sin sentido

Ni una palabra contienen.

Tus playas secas están

Y tus selvas áridas.

Científicos experimentales

Que inventan medicamentos

Que nos enferma.

¿Eres acaso la patria de los muertos de espíritu?

¿Acaso son injustos tus jueces?

¿Eres tierra donde se condena por ser bueno,

Donde nadie busca la verdad;

Solo la comodidad?

¿Eres país donde se enseña

Que el sabio es el que menos pregunta?

¿Acaso prostituyen tus cañaverales

Los grandes empresarios?

¿Acaso son tus hijos

Los que rogan para ser esclavos?

¿Son tus hijos los que rinden sus creencias

Y permiten que el mal sea liberado?

Perdóname si mi equivoco

Y perdóname si me olvido.

Pero de todo yo he sido;

Aunque jamás seré malagradecido.

Te sigo amando

Pero solo traes decepción a mí.

Y es que has cambiado tanto.

Eras patria de héroes

Que ayudaban a todos los países vecinos.

Ahora eres la burla del planeta.

Tus frutos se apreciaban

En reinos y catedrales,

En países mundialmente aclamados.

Eras la espada de dios,

Y el escudo del pueblo.

Patria mia perdóname

Pues no sé de dónde vengo.

Perdóname patria mia,

Pues te he olvidado.

Recuerdo Recordar

Recuerdo el olor

De tu piel en la mañana.

Recuerdo el calor

Que de tu cuerpo emanaba.

Recuerdo el susurro

De la ropa con tu piel.

Recuerdo la belleza

Que no me canse de ver.

Recuerdo tu risa,

Melodiosa y angelical.

Recuerdo la pasión

Con la que solíamos platicar.

Recuerdo las memorias

De cuando yo te amé.

Recuerdo lo que sentí.

Recuerdo como fue.

Recuerdo la traición
Que ninguno cometió.
Recuerdo el recuerdo
Que a mí me recordó.

Recuerdo el dolor
Que nunca existió.
Recuerdo cada momento
Que mi mente olvido.

Recuerdo tu sonrisa,
Recuerdo tu amor.
Recuerdo la locura
Que pronto me invadió.

Recuerdo recordar
Como recordaba yo.
Recuerdo los recuerdos
De lo que nunca sucedió.

Recuerdo recordanza
De la danza de mi ser.
Recuerdo todo,
Como si no hubiese
Pasado ayer.

Difícil despedida

Te tengo

En mis manos

Mis planes

Funcionaron

No importa

Ya que hago

No me puedo deshacer

Ahora yo de ti

Y es que cuando yo te vi

Dije: esta es fácil presa

Y la tendré yo presa

Pronto a mi merced

Contigo yo jugué,

O eso yo creía

Nunca predeciría

Que de ti me enamore

Como juego empezó

Pero yo fui quien perdió

De ti enamorado

Ahora yo me encuentro

Y ahora yo cuento

Mis tristes amarguras

Que eres tu muy pura

Y yo soy villano vil

Tu inocencia mil

Y la mía ninguna

Le pedí a la luna

Que a mi te entregara

Le pedí yo al sol

Que por mi te enamorara

Y ya me traicionaron

Se burlan hoy los astros

La luna tu madrina

El sol es tu padrastro

Mis planes ya frustrados

Estoy acongojado

Mi presa se escapa,

Y yo la veo libre

Quiero que tú, paloma

A mi corazón migres

Descubrí que eres tigre

Ya no soy cazador

Y ahora estoy preso

De mi fabricado amor

El tiempo se hace corto

Tendrás que tu partir

Pero sin ti, princesa

Me mata el amor

No encuentro yo escusa

No encuentro explicación

Te quería matar

Pero escribo esta canción

Y está desesperado

Mi triste corazón

Por haberte yo amado

He perdido la razón

Vida nuestra diaria

Corre la sangre,

La sangre de tus padres.

Llora, llora.

Hazme un rio de lágrimas.

Llega la noche,

El sol cae.

Corre, corre

La muerte viene.

Se escuchan los lobos,

Aullido de muerte.

Corre, corre.

La muerte viene.

Se ven las luces

De sus lumbreras.

Vuela, vuela.

Polluelo desamparado.

Se escuchan ordenes,

Gritadas por generales.

Corre, corre.

La muerta esta cerca.

Se oyen los gritos

De hombres torturados.

Sálvalos, sálvalos.

Salva a los soldados.

Se escuchan las explosiones

Ya los has matado.

No corras más,

La muerte ha llegado.

Mil Compelejos, una Causa

Cada vez que te veo hablar

Pienso qua hablas mal de mi

Cuando nuestras miradas logran cruzar

Temo que veas mal en mi

No controlo mis complejos

No controlo mi sentir

No encuentro la manera

De mi autoestima subir

No se que es lo que pasa

No quiero sentirme así

No recuerdo quien era

Quien era antes de ti

Pero no importaba

Contra el mundo podía antes ir

Inexistentes eran palabras

Que me herían

Ahora algo paso

Pues no soy yo el mismo

Los complejos me atraparon

En su malvado abismo

Tan débil me siento

Al estar junto a ti

Me muero por dentro

No entiendo como tú,

El ángel de mi vida,

Causas tanto dolor,

Tanto lamento

Tanta decepción

Decepción en mí mismo

Eres tu mi prisión

Y eres tú la causante

De mi depresión

Eres tu

Una causa nada mas

¿Creo?

Creo amarte

Creo conocer

Tus deseos

Tu plan

Tu interés

Creo confiar

En tu diferencia

Creome dispuesto

A aprender

Creo amarte

Pero dudo

Dudo en la autenticidad

De ti y de mi

Dudo ser mi mente

Hambrienta suficiente

Para amar

Desconfío

De mis ojos

De mis oídos

De mi mente

De mi todo

desconfío de la evidencia

desconfío de los testigos

De lo que diré

De mi conciencia

desconfío de tu sangre

Y de mi cuchillo

desconfío de tu muerte

De mi inocencia desconfió

Reflexión de una Generación

Vivo en un tiempo

Donde no existe libertad.

Vivo en un tiempo

Donde tu haces

Lo que diga el monitor frente a ti.

Vivo en un tiempo

Donde las contradicciones

Hacen sentido

Y donde las personas

Son únicas uniformemente.

Vivo en un tiempo

Donde no hay minutos,

Solo segundos.

Vivo en un tiempo

Cuando para ser libres,

Nos encerramos.

Vivo en una época

Donde no se sabe

Que puede haber

Libertad y privacidad

A la vez.

Vivo un tiempo donde

Se adoran sistemas

Falsos y corruptos;

Sistemas tan corrompidos

Como sus rivales.

Vivo en un tiempo

Donde se controla la opinión

Al ocultar la verdad a plena vista.

Vivo en un tiempo

Donde se ayuda al extranjero,

Pero no al vecino.

Vivo en un tiempo

Donde el rico vive,

Y el pobre muere rápido.

Muero en un tiempo

De patrias sin patriotas,

De dioses sin templos,

De curas que enferman,

De libertad que restringe,

De diversidad que juzga,

De vivir para morir.

Muero en un tiempo

De muertos vivos y

De cuerdos locos.

¿Y que?

¿Y que si te amo?

¿Y que si te añoro?

¿Y que si te busco?

¿Y que si te escojo?

¿Y que si te quiero

Solo para mi?

¿Y que si por ti

Estoy dispuesto a morir?

¿Y que hay de la luna?

¿Que hay del sol?

¿Que hay de las estrellas,

¿Si tu eres mejor?

Y que lo que digan?

Y que lo que piensen?

Y que cuando hablan?

Y que cuando mienten?

¿Y que si te beso?

¿Y que si te abrazo?

¿Y que si te dedico

¿Mi ultimo paso?

¿Y que si te amo?

¿Y que si te añoro?

¿Y que si cada noche

Pensando en ti lloro?

Me Equivoque

Creía no amarte ya,

Pero me equivoque

Te vi ayer

Y tiemblo aun

Mi vista enubleces

Una fiebre me tortura

Y no me deja dormir

¡No quisiese yo sufrir!

No quisiese volver

Yo esto sentir

Pero te deseo

¡oh, cuanto te deseo!

Tu piel,

Tu calor,

Tu pasión,

Tu amor

Recostado

Desearía estar

A tu costado

Y pasar la noche así

En silencio

En deseo

En calor

Pero recuerdo

Que de ti hui

Tú me hiciste a mi sufrir

Me volvieses a destruir

Si tuvieses la oportunidad

No me tendrías piedad

Si a tu merced cayese

Si solo olvidarte pudiese

Pero te sigo amando,

Aun cuando trato

De evitarlo

Te extraño

Sin importar que intento

No soy yo contento
por tenerte lejos

Creía no amarte

Pero me equivoque

Creía no necesitarte

Pero ya falle

Miguel

A veces me pregunto

¿Cómo será sentir?

¿Sentir amor?

¿Sentir dolor?

¿Y el hambre,

El desamparo?

Común no es

Lógico jamás

Pero quiero sufrir

Y desconfiar

Quiero la sed

El lodo bajo mis pies

Olvidar calles de oro

Y mares de cristal

Quiero llorar

Hasta seco quedar

Amores imposibles

Yo quiero sufrir

Quiero disfrutar

La sonrisa de una amada

Quiero desalmarme

Y vivir para su mirada

Pido traiciones

Desamores

Y decepciones

Sobre todo

Injusticia

Pido la lluvia

Pido al sol

Pido forzarme

Para ser mejor

Pido sonrisas

Pido besos

Pido muerte

Pido ser humano

Ultimo Gemido

La mariposa de la muerte

En mi ventana espera

Se derrite la cera

Mi muerte cerca esta

Ya no sé qué hará

El temor que me aguanta

Pero me arropa la manta

De la desesperación

Triste ahora es mi canción

Y cortos son mis días

Me despido, alma mía

Me retiro al más allá

Lightning Source UK Ltd.
Milton Keynes UK
UKRC010618300519
343570UK00009B/208

9 781388 703868